Monika Wegler

Mein Zwerg kaninchen und ich

Fotos: Monika Wegler
Zeichnungen: Renate Holzner

Geschichten: Gabriele Linke-Grün

Inhalt

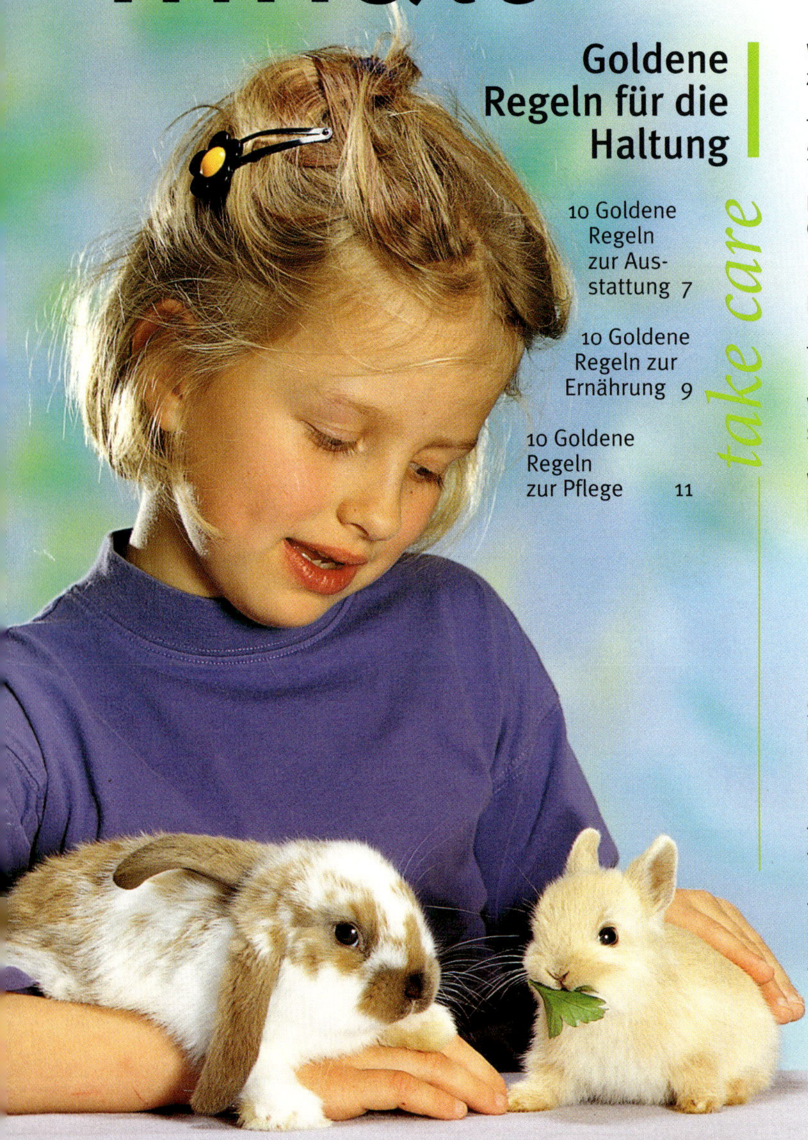

Vertrauen schaffen von Anfang an

love it

Zwergkaninchen erleben

Spiel und Spaß mit Zwerg- kaninchen

have fun

Glücklich und aktiv im Alter

old & happy

Goldene

In der Luft Haken schlagen, neugierig schnuppern, buddeln, sich räkeln und mit Artgenossen kuscheln – das lieben Zwergkaninchen. Als Heimtier brauchen sie deshalb viel Bewegung und einen Kaninchenpartner. Aber auch die richtige Ausstattung, gesunde Ernährung und regelmäßige Pflege tragen dazu bei, dass Ihre Kaninchen gesund bleiben und glücklich sind.

Regeln
für die Haltung

take care

Die 10 Goldenen Regeln zur Ausstattung

1 Für zwei Zwergkaninchen sollte der Käfig mindestens 120 cm lang, 60 cm breit und 45 cm hoch sein.

2 Wählen Sie verzinkte Gitterstäbe, kunststoffbeschichtete nagen Kaninchen ab.

3 Die Bodenschale aus Kunststoff sollte etwa 16 cm hoch sein; Schalen über 25 cm Höhe nehmen den Tieren die Sicht.

4 In den Käfig gehören 1 bis 2 Futternäpfe, eine Nippeltränke und eine Heuraufe.

5 Die Tiere lieben ein Häuschen mit flachem Dach.

6 Als Einstreu geeignet sind Weichholzspäne mit einer Strohauflage oder Kleintierstreu aus Strohpellets.

7 Stellen Sie in eine Käfigecke ein Katzenklo oder eine spezielle Kaninchentoilette.

8 Eine Tuffsteinplatte im Klo mit einer Schicht Strohpellets sorgt dafür, dass beim Scharren die Krallen abgewetzt werden.

9 Der Käfig sollte hell und luftig stehen, jedoch nicht in Zugluft, praller Sonne oder direkt an der Heizung.

10 Im Sommer freuen sich Kaninchen über ein Freigehege im Garten oder einen Auslauf auf dem gesicherten Balkon.

take care

Die 10 Goldenen Regeln zur Ernährung

1 Heu reguliert die Verdauung des Kaninchens und muss ihm immer zur Verfügung stehen.

2 Gesundes Trockenfertigfutter enthält Gemüse, Heu und Kräuter, Getreide und Nüsse sind reine Dickmacher.

3 Je nach Größe Ihres Zwergkaninchens können Sie ihm 3 bis 4 Eßlöffel Trockenfutter täglich geben.

4 Frisches Grün- und Saftfutter wie z. B. Löwenzahn, Karotten oder Petersilie gehören ebenfalls auf den Speiseplan.

5 Zweige von Laub- und ungespritzten Obstbäumen sind gesundes Nagematerial. Knabberstangen nur sparsam füttern!

6 Füttern Sie regelmäßig, am besten zweimal täglich, morgens und abends.

7 Reichen Sie das Trockenfutter morgens, Saft- und Grünfutter abends.

8 Nie welkes, verschmutztes oder verschimmeltes Futter füttern. Frischkost am nächsten Morgen unbedingt entfernen.

9 Täglich frisches Trinkwasser muss den Tieren immer zur Verfügung stehen.

10 Grünfutter nicht am Straßenrand oder auf frisch gedüngten Wiesen sammeln.

take care

Die 10 Goldenen Regeln zur Pflege

1 Kurzhaarige Kaninchen während des Fellwechsels mit einer weichen Naturborstenbürste bürsten. Langhaarige Tiere zweimal wöchentlich mit einem Spezialkamm mit gekrümmten Metallzinken kämmen.

2 Hautfalten beiderseits der Geschlechtsöffnung mit einem Wattepad und etwas Babyöl reinigen.

3 Zu lange Nagezähne bzw. Krallen vom Tierarzt einkürzen lassen.

4 Verklebtes Fell am Hinterteil mit einem Tuch und lauwarmem Wasser reinigen.

5 Futternäpfe täglich mit heißem Wasser auswaschen und trocknen.

6 Nippeltränke mehrmals wöchentlich mit einer Flaschenbürste reinigen.

7 Ein- bis zweimal wöchentlich die Einstreu (Käfig und Toilette) komplett erneuern. Zwischendurch das Stroh auflockern.

8 Beim Wechseln der Einstreu die Bodenwanne mit heißem Wasser auswaschen.

9 Urinstein auf der Bodenwanne mit Zitronensäure (1 Essl. auf 1 l warmes Wasser) nach einer Stunde Einwirkzeit entfernen.

10 Das Gitteroberteil und das Schlafhäuschen einmal im Monat gründlich mit heißem Wasser abwaschen.

take care

Typisch

Gerade mal sechs Wochen alt sind diese hübschen Zwerge.
Die Geschwister verstehen sich prächtig. Wann immer möglich,
liegen sie eng beieinander, denn der Körperkontakt zu
Artgenossen ist für ein Kaninchen sehr wichtig.
Natürlich kommt es auch ab und zu einmal zu spielerischen
Balgereien. Doch die machen das Leben erst
so richtig interessant.

Zwergkaninchen

watch it

Wie das wilde Kaninchen zahm wurde

Als phönizische Seefahrer vor 3000 Jahren in Spanien landeten, fielen ihnen dort die kleinen graubraunen Wildkaninchen auf. Hier war endlich frisches Fleisch, auf das die Seeleute während ihrer monatelangen Reise schon allzu lange verzichten mussten. Doch es gelang erst mit einigen Mühen, die Tiere zu fangen. Blitzschnell und hakenschlagend verschwanden diese nämlich in ihre unterirdischen Bauten, sobald sie Gefahr witterten. Schließlich war der Jagd der gewieften Seefahrer doch Erfolg beschieden. Die Kaninchen, die nicht sofort verspeist wurden, landeten als lebender Fleischvorrat an Bord des Schiffes. Und so verbreitete sich das Wildkaninchen auch in vielen anderen Ländern, die die phönizischen Seefahrer bereisten. Allerdings war es von da an noch ein weiter Weg,

bis das Wildkaninchen zum zahmen Hauskaninchen wurde. Natürlich hatten dabei wieder einmal die »alten« Römer ihre Finger im Spiel. Auf der Suche nach immer neuen Gaumenfreuden »entdeckten« sie die Wildkaninchen und zogen sie gezielt in ihren ummauerten Gärten groß. Doch zum echten Haustier, das allerdings als reiner Fell- und Fleischlieferant betrachtet wurde, avancierte das Kaninchen erst im Mittelalter. Mönche begannen, Kaninchen in Ställen zu halten und zu vermehren. Das schmackhafte Kaninchenfleisch bereicherte den Speiseplan in der Fastenzeit, denn das Kaninchen wurde kurzerhand zur »fleischlosen Kost« erklärt.

Durch den nun regelmäßigen Kontakt zum Menschen wurden die Kaninchen immer zahmer und zutraulicher. Aber nicht nur das Wesen der Tiere veränderte sich, sondern auch ihre Gestalt. Es entstanden größere und schwerere Exemplare,

Dieses Kaninchen buddelt mit großer Begeisterung im Sand seines Freigeheges.

Hermann und Hermine

Hermann ist ein kleines Widderkaninchen mit langen hängenden Ohren. Hermine eine hübsche gelb-weiß gescheckte Zwerghäsin. Die beiden Racker hecken allerlei Unsinn aus.

Neulich telefonierte ich mit meiner Freundin. Hermann und Hermine hoppelten gerade ein wenig gelangweilt im Wohnzimmer umher. Doch dann begann eine wilde Jagd. In schnellem Zick-Zack-Lauf rannte Hermine unmittelbar Hermann vorbei, worauf Hermann sofort mit fliegenden Öhrchen die Verfolgung aufnahm. Dann blieb Hermine unvermittelt stehen und Hermann lief auf. Jetzt folgte eine spielerische Balgerei. Diese Unruhe störte mich beim Telefonieren und ich rief die beiden energisch zur Ordnung. Tatsächlich ließen sie voneinander ab und verschwanden aus meinem Blickfeld.
Endlich konnte ich in Ruhe weitertelefonieren. Meine Freundin wollte mir gerade eine sensationelle Neuigkeit anvertrauen, da war die Leitung plötzlich tot. Verblüfft legte ich den Hörer zurück auf die Gabel. Kein Freizeichen! Was konnte da bloß los sein? Voller böser Vorahnungen überprüfte ich meine zehn Meter lange Telefonschnur. Nach etwa fünf Metern entdeckte ich deutliche Bißspuren am Kabel. Hermann und Hermine hatten sich die Zeit mit dem Telefonkabel vertrieben und es mit ihren Zähnchen bearbeitet. Seit dieser Episode telefoniere ich mit einem schnurlosen Telefon.

die zum Teil auch nicht mehr die gegen Feinde schützende wildfarbene Fellfarbe zeigten. Bis heute züchtete der Mensch mehr als 100 verschiedene Kaninchenrassen mit den unterschiedlichsten Fellarten, -farben und -zeichnungen.

Die ersten Zwergkaninchen waren 1884 auf einer Ausstellung in Hull/England zu bestaunen. Diese kleinen Kaninchen mit ihrem runden Kopf, den großen Augen, den kurzen Öhrchen und dem gedrungenen Körper riefen allseits Entzücken hervor. So begann der Siegeszug des Kaninchens als Heimtier, das nicht mit Fell und Fleisch

den Menschen dienen musste, sondern lediglich durch sein niedliches Aussehen Freude bereiten sollte. Der Ursprung aller Zwerge ist das Hermelinkaninchen, schneeweiß mit roten Augen. Erst danach entstanden Zwergkaninchen mit anderen Fellfarben und verschiedenen Felllängen. Erst zuletzt wurden die so genannten Widderzwerge mit ihren Hängeohren gezüchtet.

Doch gleich ob klein oder groß, langhaarig oder kurzhaarig, alle Kaninchen haben noch viel mit ihren Vorfahren, den Wildkaninchen, gemeinsam. Und dem sollten Sie als Kaninchenhalter Rechnung tragen. Nur so kann sich ein

So sind Kaninchen

➡ Alle Kaninchen sind von Natur aus ebenso gesellig wie ihre Vorfahren, die Wildkaninchen.

➡ Zähne und Krallen des Kaninchens wachsen ständig nach und müssen daher abgenutzt werden.

➡ Kaninchen sind Pflanzenfresser.

➡ Um sich untereinander zu verständigen haben Kaninchen drei Duftdrüsen, deren Sekrete z. B. der Markierung ihres Reviers dienen.

➡ Zwergkaninchen können acht Jahre und älter werden.

➡ Kaninchen brauchen regelmäßig Bewegung.

➡ Wildkaninchen wiegen etwa 1 bis 2 kg, reinrassige Zwergkaninchen 0,7 bis 1,5 kg, das Riesenkaninchen bis zu 7 kg.

➡ Eines der wichtigsten Sinnesorgane für das Kaninchen ist die Nase. Es kann sogar »seinen« Menschen an dessen persönlichem Geruch unterscheiden.

harmonisches Zusammenleben ergeben, das Mensch und Tier gleichermaßen Freude bringt.

Kaninchen brauchen Gesellschaft

Von Natur aus sind Kaninchen sehr gesellig. Auch wenn sich zunächst nur ein Paar in einem Revier ansiedelt, entsteht doch schnell eine ganze Kolonie. Die Häsin bekommt mehrmals im Jahr Junge. Zwar wandert der Großteil des Nachwuchses ab, doch einige bleiben in der Nähe. Jungtiere aus anderen Kolonien wandern zu. So wächst die Einwohnerzahl in jeder Kaninchenkolonie sehr schnell. Alle Tiere innerhalb der Kolonie unterscheiden und kennen einander am Geruch.

➜ Das tut Ihren Zergkaninchen gut: Halten Sie die Tiere nie einzeln, sondern von Anfang an wenigstens zu zweit. Problemlos zusammensetzen können Sie Jungtiere, Wurfgeschwister und alle Kaninchen bis zur 10. Lebenswoche. Zwei Rammler, die aber unbedingt mit 10 bis 14 Wochen kastriert werden müssen, kommen auch später gut miteinander aus. Zwei Häsinnen vertragen sich ebenfalls, können aber in der Brunstzeit aggressiv gegeneinander sein. Natürlich passt auch ein Pärchen gut zusammen, jedoch sollte der Rammler besser kastriert werden, damit es keinen unerwünschten Nachwuchs gibt.

Duft mit persönlicher Note

Haben Sie schon einmal beobachtet, dass sich Ihr Kaninchen bei seinem Ausflug im Zimmer immer wieder an Gegenständen reibt? Dieses Verhalten ist ganz normal. Das Kaninchen markiert mit Hilfe seiner Duftdrüsen sein Revier. Auch bei der Verständigung mit Artgenossen spielen die Duftdrüsen eine große Rolle.

Frische Zweige – am besten mit Knospen und Blättern – sind eine gesunde Knabberkost.

TIPP vom ZÜCHTER

Zwergkaninchen sind frühestens mit sieben bis acht Wochen soweit entwickelt, dass man sie mit gutem Gewissen von der Mutter trennen kann. Kaufen Sie keinesfalls jüngere Tiere, die weder körperlich noch seelisch ausgereift und damit krankheitsanfälliger sind.

Die Kinndrüsen sitzen unter der Zunge, geben aber ihr Sekret über mehrere Poren nach außen an der Kinnunterseite ab. Der Duftstoff ist für uns Menschen nicht wahrnehmbar. Doch das Kaninchen markiert damit sein Revier und der Rammler seine »Auserwählte«.

Die Analdrüsen liegen zu beiden Seiten des Darmendes. Mit ihrem Sekret überzieht das Kaninchen seine Kotkügelchen, um so ebenfalls seinen Artgenossen mitzuteilen: »Das ist mein Revier. Hier bin ich zu Hause«.

Die Leistendrüsen befinden sich in den haarlosen Hautfalten beiderseits der Geschlechtsöffnung. Der Duftstoff, der hier produziert wird, ist auch für uns Menschen als süßlich strenger Geruch wahrnehmbar. Kaninchen, die einander begegnen, beriechen sich hier ausgiebig. Der Duft verrät ihnen sofort, ob der Artgenosse zur Familie gehört, welches Geschlecht er hat, oder ob eine Häsin gerade in Paarungsstimmung ist.

Mit Hilfe der Leistendrüsen können die Kaninchen auch ihrem Urin nach Bedarf ihre ganz persönliche Duftnote zufügen. Rammler harnen damit ihre »Herzensdame« an, aber auch Häsinnen markieren per Dufturin Revier und Artgenossen.

Wie ein Kaninchen sieht

Das Kaninchen hat ein erstaunlich großes Blickfeld. Es kann nicht nur rundum sehen, sondern sogar den Luftraum über sich im Auge behalten. Seine Augen reagieren auf die kleinste Bewegung. Für ein Tier, das in der Natur viele Feinde wie etwa Greifvögel oder Marder und Fuchs hat, ist diese Rundumsicht und das sofortige Reagieren auf optische Reize überlebenswichtig. So kann es einen Feind frühzeitig ausmachen und flüchten.

Das Kaninchen hat leicht hervorstehende Augen, die seitlich oben am Kopf sitzen. Dadurch hat es eine fast komplette Rundumsicht im Gegensatz zum Menschen. Dies ist für alle Fluchttiere wie etwa auch Hamster oder Meerschweinchen überlebenswichtig.

Doch die Fähigkeit, selbst Feinde, die sich aus der Luft von oben oder von hinten nähern, frühzeitig zu entdecken, kostet das Kaninchen Einbußen beim räumlichen Sehen. Es nimmt die Welt nur »flach« wahr, etwa so, als würden wir ein Auge zukneifen. Als dämmerungsaktives Tier ist das Kaninchen hauptsächlich auf gutes Sehen mit schwachen Lichtverhältnissen ausgerichtet. Es meidet grelles Sonnenlicht, da es nicht in der Lage ist, seine Pupillen entsprechend zusammenzuziehen.

Ob ein Kaninchen die Welt farbig sieht, ist umstritten. Möglicherweise kann es zwischen den Farben grün und rot unterscheiden.

→ Das tut Ihren Zwergkaninchen gut: Nähern Sie sich Ihren Kaninchen stets langsam von vorne und vermeiden sie hektische Bewegungen, andernfalls löst Ihr Verhalten reflexartige Flucht bei ihm aus. Um den Zwerg zu begrüßen, gehen Sie am besten in die Hocke und lassen ihn an Ihrer Hand schnuppern. Achten Sie darauf, dass der Käfig nicht im prallen Sonnenlicht steht. machen Sie nicht plötzlich im Dunkeln das Licht an.

Wie ein Kaninchen hört

Die Ohren des Kaninchens sind wie Schalltrichter gebaut. Es kann ohne den Kopf zu drehen die Ohren unabhängig voneinander nach vorne und hinten bewegen, so dass es einen Hörraum von 360 Grad erfasst. Widderkaninchen mit ihren Hängeohren haben vermutlich ein eingeschränktes Hörvermögen. Übrigens können sich Kaninchen den Tonfall der menschlichen Stimme merken und wieder erkennen.

→ Das tut Ihren Kaninchen gut: Vermeiden Sie z. B. Türenknallen oder laute Musik in der Nähe der Tiere. Kreischende, schrille Stimmen sind dem Kaninchen ein Greuel.

Der Geruchssinn

Die geruchliche Wahrnehmung spielt in der Welt der Kaninchen neben dem Sehen die wichtigste Rolle. Sie erkennen sich nicht nur untereinander als Freund oder Feind, sondern »lesen« auch die duftenden Botschaften, die Artgenossen vor ihnen in der Umgebung hinterlassen haben. Eine Besonderheit ist die bewegliche Nasenfalte. Die inneren Nasenfalten werden rhythmisch hochgezogen. So wittert das Kaninchen, kontrolliert seine Luftzufuhr und die einströmenden Duftstoffe. Die Nasenschleimheit ist sehr empfindlich.

Zartes, frisches Grün wird neugierig beschnuppert und schließlich angeknabbert.

Ausgetrickst

Das Umkreisen ist ein Teil des Sexualverhaltens bei Kaninchen. So wird ein Weibchen vor der Paarung vom Männchen umworben.

Hermann umkreist aber nicht nur sein Weibchen Hermine, sondern auch Gegenstände und meine Beine. Deshalb wollte ich Hermann ein kleines Kunststück beibringen. Er sollte auf Kommando zwischen meinen Beinen hindurchlaufen. Ich stellte mich breitbeinig hin und lockte Hermann mit einer saftigen Möhre. Die Übung klappte gleich beim ersten Mal, und dann fand Hermann wohl ganz besonderen Spaß daran. Er rannte nicht nur zwischen meinen Beinen hindurch, sondern lief gleichmäßige Achten um meine Beine herum. Das war ja fast zirkusreif. Jedesmal, wenn ich die entsprechende Haltung einnahm, zeigte Hermann sein Können und verblüffte so manchen meiner Freunde. Eines Tages drehte Hermann mal wieder seine Runden um meine Beine. Doch diesmal hatte ich wenig Zeit. Ich überlegte wie ich Hermann austricksen konnte. Da kam mir die Idee, ihm einfach meine hohen Gummistiefel hinzustellen.

Jetzt konnte er von mir aus stundenlang die Stiefel umkreisen.
Gedacht, getan – doch ich hatte die Rechnung ohne Hermann gemacht.
Zuerst beschnupperte er die Stiefel intensiv, dann hoppelte er desinteressiert davon. Mein Widderchen war also nicht so einfach zu täuschen. Seine gute Nase hatte ihm wohl verraten, daß die Stiefel "leer" waren.

➜ Das tut Ihren Kaninchen gut: Achten Sie darauf, daß Ihre Hände nicht nach Parfüm, Seife oder scharfen Reinigungsmitteln riechen. Das reizt nicht nur die empfindliche Nasenschleimhaut, sondern verhindert auch, daß Ihre Kaninchen Sie wieder erkennen. Ebenso reizt staubiges Heu und trockene Zimmerluft. Setzen Sie einander fremde Kaninchen nicht einfach zusammen. Probieren Sie zunächst aus, ob sich die beiden Tiere »riechen« können (→ Seite 35). Der Sippengeruch dient auch in einer Wildkaninchenkolonie als entscheidendes Wiedererkennungsmerkmal. Fremde Eindringlinge werden angegriffen und schließlich in die Flucht geschlagen.

Der Geschmacksinn

Die Geschmacksknospen sitzen beim Kaninchen in der Mund- und Rachenhöhle. Sein Geschmackssinn ist immerhin so gut entwickelt, dass es zwischen süß, sauer, bitter und salzig zu unterscheiden vermag.
➜ Das tut Ihren Kaninchen gut: Obwohl Kaninchen durchaus »scharf« auf Schokolade und andere Süßigkeiten sind, tun Sie Ihnen kein Gefallen mit solchen Leckerbissen. Ihre Lieblinge können davon schwere Verdauungsstörungen bekommen. Sorgen Sie stattdessen lieber für eine gesunde, abwechslungsreiche Kost.

Der Tastsinn

Mit Hilfe seiner Tasthaare, die beidseitig im Mund- und Nasenbereich, über den Augen und an den Wangen sitzen, findet sich das Kaninchen im Dunkeln zurecht und kann die Breite und Höhe eines Durchschlupfes genau bestimmen.
➜ Das tut Ihren Kaninchen gut: Ein Kaninchen genießt es außerordentlich, mit Artgenossen eng zusammenzukuscheln, denn es kann Berührungsreize über die gesamte Körperhaut aufnehmen. Auf viele Kaninchen wirkt es beruhigend, von »Ihrem« Mensch gestreichelt zu werden. Viele Zwerge lieben es, wenn man ihnen

Auch wenn sich Kaninchen ausruhen liegen sie gerne beieinander.

sanft mit dem Finger von der Nasenwurzel bis zur Stirn hoch streicht. Ein Kaninchen niemals an den Tasthaaren ziehen oder sie gar abschneiden!

So »sprechen« Kaninchen

Wildkaninchen müssen sich in der Natur leise verhalten, um keine Feinde auf sich aufmerksam zu machen. Auch das Zwergkaninchen ist ein stilles Tier. Lediglich in bestimmten Situationen gibt es leise Töne von sich.

Murksen: Kurze, schnell hintereinander folgende Schimpflaute. Das Tier »meckert« z. B., wenn es gefangen und in den Käfig zurückgesetzt wird.

Fauch- und Knurrlaute: Sie bedeuten stets Aggression und Abwehr, dem ein blitzschneller Angriff folgen kann. Wird es zusätzlich gereizt, kann es auch zubeißen. Leider sind die Drohlaute für uns nicht gut zu hörbar.

Brummlaute: Meist stößt der Rammler, das Männchen, diese Laute unmittelbar nach dem Deckakt aus. Auch wenn ein Weibchen umworben wird, lassen sich manchmal diese Laute vernehmen.

Fiepen: Diese ängstlichen Klagelaute sind bei nestjungen Kaninchen zu hören, wenn sie z. B. außerhalb des warmen Nestes abgelegt wurden.

Kreischen: Wird nur bei Todesangst ausgestoßen, etwa wenn das Kaninchen von einem Raubtier gepackt oder sehr schmerzhaft verletzt wird.

Zähneknirschen: Das Kaninchen hat starke Schmerzen. Meist ist das Tier dann auch teilnahmslos und seine Augen sind trüb.

Leise mahlende Geräusche: Wenn das Kaninchen Wohlbehagen empfindet mahlt es mit den Kiefern. Dies ist manchmal auch beim Streicheln zu vernehmen.

Trommeln mit den Hinterläufen: So warnen Kaninchen ihre Artgenossen, wenn Gefahr droht, oder sie sich erschrecken.

Vor allem junge Kaninchen suchen die Nähe ihrer Gruppe und putzen sich gegenseitig liebevoll.

Kaninchenverhalten

Wenn Sie die Kaninchensprache vollständig beherrschen möchten, müssen Sie auch die Körpersprache Ihrer Kaninchen richtig deuten können.

Männchen machen: Hört oder sieht ein Kaninchen etwas, das seine Aufmerksamkeit erregt, richtet es sich auf und »sichert«, wie es in der Fachsprache heißt. Übersetzt würde es also damit sagen wollen: »Na, was gibts Neues?«

Sich wälzen: »Ich fühl mich pudelwohl«.

Scharren und Kratzen: Scharrt Ihr Zwergkaninchen nach dem Streicheln mit den Vorderpfoten, kann dies bedeuten: »Bitte noch mehr streicheln«. Das Scharren und Kratzen ist aber auch eine angeborene Verhaltensweise, denn Kaninchen graben ja in der Natur Baue. Geschlechtsreife Rammler und brünstige Häsinnen scharren unruhig in der Einstreu. Erregte Männchen kratzen den Boden auf, wenn sie einen Rivalen riechen. Dominante Kaninchen scharren Gerüche von Vorgängern auf oder zu, um eigene Duftstoffe daraufzusetzen.

Anstupsen mit der Schnauze: So begrüßen sich Kaninchen. Stupst der Zwerg Sie an, bedeutet dies: »Bitte streichle mich«.

Wegstupsen Ihrer Hand: »Lass mich in Ruhe, ich habe ge-

TIPP vom TIERARZT

Auch einem Wohnungskaninchen tut es gut, wenn es von Frühjahr bis Herbst frische Luft bekommt. Gewöhnen Sie den Zwerg anfangs langsam an den Aufenthalt im Freigehege. Tagsüber sollten die Temperaturen nicht unter 20 °C liegen, nachts nicht unter 15 °C.

nug vom Streicheln«. Kommen Sie dieser Aufforderung nicht nach, kann das Tier zubeißen.

Lecken mit der Zunge: Wenn Ihr Zwerg z. B. Ihre Hand leckt bedeutet dies: »Ich mag dich«. Kaninchen, die sich mögen, kuscheln eng beieinander und lecken sich das Fell ab. Man nennt dieses Verhalten auch soziale Körperpflege.

Kurzes Kopfschütteln: Dieses Verhalten beobachtete ich vor allem bei meinen Angora- und Jamorakaninchen, wenn ich sie zu lange festhielt, sie kämmte oder geschoren habe. Es kann eine einfache Reaktion auf einen Reiz sein oder aber: »Jetzt reichts mir aber!«

Sich ducken: Dabei drückt sich das Tier flach auf den Boden, die Ohren sind angelegt, auch der Kopf ist nach unten gedrückt. Auf diese Weise unterwirft sich ein Kaninchen dem anderen. Auch gegenüber dem Menschen zeigt ein unterwürfiges Tier dieses Verhalten. Es bedeutet soviel wie: »Tu' mir nichts!«

Verhält sich ein Kaninchen nach einer unmittelbaren Gefahr so, sind seine Augen dabei weit aufgerissen, atmet es heftig und wirkt der Köper wie erstarrt, dann versucht das Tier sich zu tarnen, indem es sich tot stellt. Damit Ihr Zwerg nicht in Panik flüchtet, sollten Sie sich ihm behutsam nähern und leise auf ihn einreden.

Entspanntes Hocken: Die Ohren sind dabei angelegt. Dies ist die Ruhestellung. »Stör' mich jetzt nicht!«

Seitenlage: Der Kopf liegt auf dem Boden, die Beine sind weggestreckt, die Augen beginnen sich zu schließen. »Jetzt möchte ich schlafen«.

Vorderkörper vorgestreckt, Hinterteil angehoben, Ohren nach vorne gestellt, Schwänzchen angelegt: »Ich möchte wissen, was da los ist.« Schwänzchen dabei weggestreckt: »Ich möchte zwar wissen, was los ist, doch geheuer ist mir die Sache nicht.« Vorsicht, wenn dazu die Ohren nach hinten gelegt werden und eventuell noch ein warnender Knurr- und Fauchton zu hören ist. Das Kaninchen ist angriffsbereit. Es kann kratzen oder beißen. So verhält sich ein Kaninchen aber nur, wenn es sich in die Enge getrieben fühlt.

Fressen von Blinddarmkot: Vielleicht kommt es ihnen unappetitlich vor, wenn Ihr Zwerg seinen eigenen Kot frißt. Doch dies ist lebensnotwendig für das Tier. Es handelt sich dabei um speziellen Kot, der im Blinddarm gebildet wird und wichtige Vitamine enthält. Das Kaninchen nimmt diese weichen, traubenförmigen Vitaminpillen meist gleich vom After her auf und schluckt sie unzerkaut, häufig ohne dass Sie es merken.

Bieten Sie Ihren Kaninchen eine Korkhöhle an, in der sie sich geborgen und sicher fühlen.

Wie gut kennen Sie Ihr Zwergkaninchen?

Wenn Sie Ihre Zwergkaninchen richtig halten und verstehen möchten, sollten Sie sich unbedingt mit dem Wesen und dem Verhalten Ihrer niedlichen Hausgenossen auseinandersetzen. Wieviel Sie bereits über Ihre Lieblinge wissen, verrät Ihnen dieser Test.

		JA	NEIN
1 Sind Zwergkaninchen Einzelgänger?		◯	◯
2 Können Zwergkaninchen gut springen?		◯	◯
3 Wachsen die Zähne des Kaninchens ständig nach?		◯	◯
4 Können Kaninchen gut räumlich sehen?		◯	◯
5 Brauchen Kaninchen auch Fleisch für eine gesunde Ernährung?		◯	◯
6 Stammen Zwergkaninchen von unserem einheimischen Feldhasen ab?		◯	◯
7 Darf man ihnen ab und zu Süßigkeiten geben?		◯	◯
8 Verständigen sich Kaninchen untereinander durch eine Art »Duftsprache«?		◯	◯
9 Brauchen Kaninchen frische Äste und Zweige als Nagematerial?		◯	◯
10 Mögen Kaninchen ein Häuschen zum Unterschlüpfen im Käfig?		◯	◯
11 Sehen Kaninchen die Welt so farbig wie wir Menschen?		◯	◯
12 Erkennt ein Kaninchen Sie an Ihrer Stimme wieder?		◯	◯

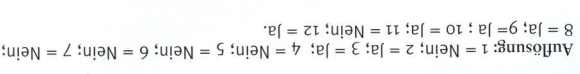
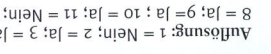

Auflösung: 1 = Nein; 2 = Ja; 3 = Ja; 4 = Nein; 5 = Nein; 6 = Nein; 7 = Nein; 8 = Ja; 9 = Ja ; 10 = Ja; 11 = Nein; 12 = Ja.

Vertrauen

Liebevoll erklärt Hannas Vater seiner Tochter den richtigen Umgang mit dem Kaninchen. Ein Zwerg wird nur dann richtig handzahm, wenn er keinerlei schlechte Erfahrungen mit Menschen macht.

schaffen

von Anfang an

TIPP vom THERAPEUTEN

Wenn Sie Ihre Kaninchen vom Zoofachhändler oder Züchter abholen, lassen Sie sich etwas von der Einstreu des Käfigs, in welchem die Tiere bisher gelebt haben, und von dem gewohnten Futter mitgeben. Das erleichtert den Zwergen die Umstellung und das Eingewöhnen im neuen Heim.

In der Kaninchenwelt zu Hause

Auf Grund seiner wenig detaillierten und begrenzten Laut- und Körpersprache zählt man das Kaninchen nicht zu den höher entwickelten Tieren wie z. B. Hund und Katze.

Im Vergleich zum intelligenten und sehr lernfähigen Schimpansen etwa würde es kaum über den Grundschulabschluß hinauskommen. Doch was Anpassungsfähigkeit und Überlebensstrategie betrifft, ist das kleine scheue Wildkaninchen darin ein wahrer Meister und manch höher entwickelten Tierart, die inzwischen vom Aussterben bedroht ist, weit überlegen.

Immer auf der Hut vor seinen vielen Feinden auf der Erde und aus der Luft, hat das Kaninchen es gelernt, blitzschnell in Deckung zu gehen, zu fliehen oder wenn dies nicht möglich ist, sich flach und reglos auf den Boden zu drücken, sobald es etwas Verdächtiges sieht, hört oder riecht. Und all diese Sinne sind bei ihm so fein ausgebildet, dass Sie Ihrem Zwerg Angst und Schrecken einjagen, ja sogar körperlichen Schmerz zufügen, durch Geschrei, Gekreische, Lärm wie etwa Türenknallen, laute Musik, eine Kreissäge oder hektisches Herumrennen in seiner Umgebung. Kaninchen lieben ausgeglichene Menschen mit sanfter freundlicher Stimme und ruhigen Bewegungen. Sie wollen nicht wie von einem Raubvogel plötzlich von oben ergriffen werden und fliehen unwillkürlich, wenn man schnell auf sie zuläuft.

Kommen Ihre Zwerge hingegen zu Ihnen auf den Schoß gesprungen, um gestreichelt zu werden, lecken liebevoll Ihre Hand, wälzen sich in Ihrer Nähe am Boden oder in der Buddelkiste, putzen sich ausgiebig und strecken schließlich genüßlich alle Viere von sich, dann sind sie für Ihre Kaninchen ein Wohlfühlpartner.

Doch Kaninchenleben heißt auch Bewegung und nochmals Bewegung: frei und unbeschwert herumhoppeln zu können, Springen, Hakenschlagen, all dies entspricht den elementaren Bedürfnissen dieser quicklebendigen Lebewesen. Gestalten Sie das Umfeld Ihrer Kaninchen abwechslungsreich mit Futter, nach dem man sich erst strecken muss, kleinen Hindernissen, erhöhten Aussichtsplätzen und jeglicher Art von Tunneln, Häuschen und Röhren zum Durch- und Unterschlüpfen. Dies hält die kleinen Racker nicht nur fit und regt ihre Sinne an, sonderm macht sie auch für uns Menschen zu interessanten und lustigen Hausgenossen. Ersparen sie Ihrem Zwerg auch ein Leben in Einsamkeit. Zumindest ein Artgenosse sollte ihn von klein auf durch sein Leben begleiten (→ Seite 35).

Kinder lieben Zwergkaninchen

Zwergkaninchen üben besonders auf Kinder eine große Faszination aus. Das ist leicht zu erklären: Ein Zwerg entspricht wie kaum ein anderes Tier dem so genannten Kindchenschema. Das heißt, mit seinem recht großen Kopf im Verhältnis zu seinem kleinen Körper und den großen ausdrucksvollen Augen erinnert es an ein Baby. Und Babys muss man einfach liebhaben. Hinzu kommt das weiche Fell des Kaninchens, das zum Streicheln und Kuscheln animiert.

Doch Ihr Kind muss von Ihnen angeleitet werden, wenn Sie ihm den Wunsch, Zwergkaninchen pflegen zu dürfen, erfüllen. Nur dann lernt es, sich in das Tier einzufühlen und richtig mit ihm umzugehen. Erklären Sie ihrem Kind, dass es einem Zwergkaninchen nicht gut tut, ständig herumgetragen und gestreichelt zu werden. Das Tier möchte sich viel lieber ausgiebig putzen, in Ruhe fressen, mal ein Nickerchen machen und sich viel bewegen. Kümmern Sie sich anfangs zusammen mit Ihrem Kind um das Sau-

Wunschliste des Zwergkaninchens

Das mag es:

1. Die Gesellschaft von Artgenossen.

2. Viel Bewegung und Auslauf.

3. Einen hellen luftigen und ruhigen Platz für seinen Käfig.

4. Ein Häuschen zum Verstecken und Ausruhen.

5. Nagematerial zur Zahnabnutzung.

6. Sanftes freundliches Zureden und hinter den Ohren gekrault zu werden.

7. Ausgiebige Beschäftigungsmöglichkeiten.

8. Als Feinschmecker einen abwechlungsreichen Speiseplan.

Das mag es nicht:

1. Ohne Vorbereitung von oben mit der Hand gegriffen zu werden (→ Seite 18).

2. Laute Geräusche wie z. B. Türen knallen, laute Musik oder schrille Stimmen.

3. Eine fremde Umgebung ohne sichere Zufluchtsmöglichkeiten.

4. Necken mit dem »spitzen« Finger.

5. Zugluft, nässe und zu trockene Heizungsluft.

6. Seifen-, Parfüm- und Desinfektionsmittelgerüche an Ihren Händen.

7. An den Ohren gezogen zu werden.

8. Hektisches Hantieren in seiner Nähe.

bermachen des Käfigs und die Versorgung der Tiere mit gesunder Nahrung. Erarbeiten Sie z. B. mit Ihrem Kind einen Pflegeplan für die Zwerge.

Richtiges Hochheben und Tragen

Die niedlichen Zwergkaninchen verleiten dazu, dass man sie häufig auf den Arm nimmt. Wird das Tier verkehrt angefasst, beginnt es unweigerlich zu zappeln und zu kratzen. Besonders Kinder lassen dann vor Schreck den Zwerg einfach fallen. Doch schon bei einem Sturz aus geringer Höhe kann sich das Kaninchen schwer verletzen.

➔ Nähern Sie sich dem Zwerg langsam und reden Sie mit leiser Stimme auf ihn ein. Gehen Sie vor ihm in die Hocke. Lassen Sie das Kaninchen an Ihrem Handrücken riechen. Greifen Sie mit der rechten Hand das lose Rückenfell hinter den Schulterblättern. Wichtig ist, daß Sie mit der ganzen Hand zugreifen und nicht etwa nur mit einzelnen Fingern, sonst empfindet der Zwerg dies als schmerzhaftes Zwicken. Stützen Sie beim Hochheben das Hinterteil des Tieres mit der linken Hand ab.

➔ Beim Tragen setzen Sie das Kaninchen so auf den linken angwinkelten Unterarm, dass es nicht durchrutschen kann. Die rechte Hand wird auf den Rücken des Tieres gelegt. Nun haben Sie das Tier im Griff, falls es unruhig wird und von Ihrem Arm herunterspringen möchte.

Gestalten Sie den Kaninchen-Freilauf abwechslungsreich mit Höhlen und Hügeln.

In Deckung

Mißmutig hockten Hermann und Hermine in ihrer
Transportbox. Das konnte ja nichts Gutes bedeuten. Mussten sie etwa zum Tierarzt? Aber
nein, die beiden Kaninchen sollten lediglich
einige Tage Urlaub bei meiner Freundin Claudia
machen, weil ich dringend verreisen musste. Bei der
Gelegenheit konnte ich mir endlich Claudias neue Wohnung ansehen. Claudia begrüßte uns stürmisch. Hermann
und Hermine waren ihre erklärten Lieblinge. Noch im
Flur befreite sie die beiden aus ihrem engen Behältnis,
nahm sie auf den Arm und trug sie ins Wohnzimmer. Als
sie sie auf den Boden setzte, rannte sowohl Hermann als
auch Hermine in Panik hinter die Couch. Was war denn
in meine Kaninchen gefahren? Dann schaute ich mich erst
einmal um. Das war wirklich ein tolles Wohnzimmer –
riesig groß und super modern eingerichtet. Hier gab es
wenige, aber ausgewählte Möbel. Doch Kaninchen brauchen
Höhlen und Verstecke! Soviel "freies Gelände" versetzte
Hermann und Hermine eher in Angst und Schrecken.
Verdutzt schaute mich Claudia an, als ich sie fragte,
ob sie noch ein paar leere Umzugskartons hätte. Sie
holte mir drei Stück, die ich dann "malerisch" auf
dem Teppichboden im Wohnzimmer verteilte.

Hermine, die Kesse, traute
sich dann als Erste hinter
der Couch hervor und nahm
sofort einen Karton näher
unter die Lupe. Dann folgte Hermann, der Vorsich-
tige. Und schon fühlten
sich meine beiden Kanin-
chen "pudelwohl" in
Claudias schicker Wohnung.

Vertrauen aufbauen
Schritt für Schritt

Wie lange es dauert, bis ein Zwergkaninchen handzahm wird, hängt vor allem von Ihrem Einfühlungsvermögen ab. Damit das Tier leichter den Trennungsschmerz von Artgenossen und den Transportschock verkraftet, sollten Sie es sofort nachdem Sie zu Hause angekommen sind, in seinen fix und fertig vorbereiteten Käfig setzen. Dann braucht es vor allem Ruhe und Zeit, damit es sich mit seiner neuen Umgebung vertraut machen kann. Jede Aufregung verunsichert den Zwerg, macht ihn ängstlich und scheu. Erst wenn er anfängt zu fressen, sich zaghaft zu putzen und entspannt im Stroh ausstreckt, ist der erste Schock überwunden. Die im Folgenden beschriebenen Schritte des Vertrautmachens können sich, je nach Veranlagung Ihres Zwergkaninchens, über Tage und Wochen hinziehen.

Theo und sein Zwergkaninchen sind schon lange die besten Freunde.

Passt Mümmi zu Hopsi?

Unser kastrierter Rammler Hopsi sollte als Partnerin die einjährige Kaninchendame Mümmi bekommen. Doch nicht alle Kaninchen mögen sich auf Anhieb. Deshalb haben wir sie schrittweise aneinander gewöhnt.

➔ Setzen Sie den Neuankömmling für etwa eine Woche in einen separaten Käfig.

➔ Damit die Tiere den Geruch des Artgenossen kennen lernen, setzen Sie nun die Kaninchen wechselweise in den Käfig des anderen – ohne vorher die Einstreu zu wechseln.

➔ Stellen Sie dann die beiden Käfige dicht aneinander.

➔ Gewähren Sie nun den Zwergen wechselseitig Freilauf im Zimmer.

➔ Der erste gemeinsame Freilauf sollte auf »neutralem Boden« stattfinden.

Der Partner-Test

	Junges Kaninchen (bis 10 Wochen)	Männliches Kaninchen (geschlechtsreif + potent)	Männliches Kaninchen (kastriert)	Weibliches Kaninchen (geschlechtsreif + potent)	Häsin mit Wurf
Junges Kaninchen (bis 10 Wochen)	❤️	💣	😊❤️	😊	💣
Männliches Kaninchen (geschlechtsreif + potent)	😊	💣	💣	❤️	💣
Männliches Kaninchen (kastriert)	😊❤️	💣	😊	😊❤️	💣
Weibliches Kaninchen (geschlechtsreif + potent)	😊	❤️	❤️😊	😊	💣
Häsin mit Wurf	💣	💣	💣	💣	💣

 ❤️ Vertragen sich bestens 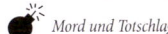 💣 Mord und Totschlag 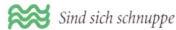 〰️ Sind sich schnuppe   😊 Aneinander gewöhnen

4 Der erste Freilauf

Erst wenn das Kaninchen so handzahm geworden ist, dass es sich jederzeit vertrauensvoll aufnehmen lässt, darf es frei in der Wohnung laufen. Eine abwechslungsreiche Umgebung mit Häuschen, Kartons und anderen Unterschlüpfen als Rückzugsmöglichkeit erleichtert das Entdecken der neuen Umgebung. Kinder können dabei zuschauen und beobachten.

5 Freundschaft besiegelt

Ist der tägliche Freilauf und die neue Umgebung für das Kaninchen vertraut geworden, können die Beschäftigungsmöglichkeiten erweitert werden. Jetzt hat der Zwerg schon so viel Vertrauen zu Ihnen, dass er sich gerne in Ihrer Nähe aufhält. So kann man ihn z. B. mit einem Leckerbissen durch eine Korkhöhle locken oder auf eine Kiste springen lassen.

6 Fitness-Training

Nun ist aus dem anfangs zurückhaltenden Kaninchen eine Persönlichkeit geworden, die Abwechslung liebt und auch bereit ist, kleine Fitness-Übungen zu erlernen wie z. B. durch einen Reifen springen. Dieser wird anfangs ziemlich tief am Boden gehalten und langsam etwas höher genommen. Lockmittel auch hier ein Leckerbissen, wie übrigens für alle Übungen.

1 Neugierde wecken

Zunächst müssen Sie das Zwergkaninchen an sich gewöhnen. Nähern Sie sich dem Käfig stets langsam, lassen Sie das Tier an Ihrer Hand riechen, sprechen Sie leise und beruhigend auf es ein. Schon bald wird Sie der Zwerg an Ihrem Geruch, an Ihrer Stimme und an Ihrer Silhouette erkennen. Wenn sich das Tier nicht mehr ängstlich in die hinterste Käfigecke drückt, sondern von sich aus ans Gitter kommt, ist die erste Hürde genommen.

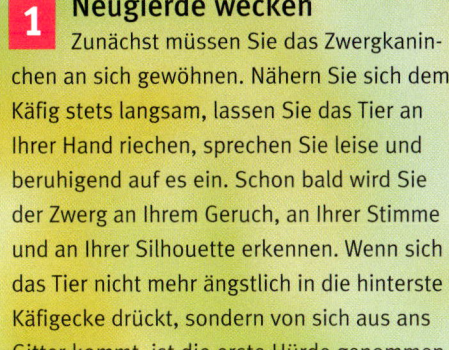

2 Leckerbissen reichen

Die nächste Stufe, Misstrauen abzubauen, funktioniert folgendermaßen: Füllen Sie Futternapf und Nippeltränke auf, ohne das Kaninchen dabei zu ergreifen. Reichen Sie Leckerbissen wie beispielsweise Löwenzahn, Petersilie oder ein Stück Möhre von außen durch das Käfiggitter und warten Sie, bis der Zwerg ihn von sich aus nimmt. So lernt Ihr Zwergkaninchen, dass von Ihrer Hand Gutes kommt.

3 Aus dem Käfig locken

Nun ist es langsam an der Zeit, das Kaninchen mit einem Leckerbissen, den Sie in Ihrer Hand halten, zum Verlassen des Käfigs zu bewegen. Um vor allem jungen Kaninchen den Ausstieg aus der hohen Bodenwanne zu erleichtern, legen Sie eine Steinplatte vor den Ausstieg. Dies verhindert auch das Hängenbleiben mit den Läufen in der Gittertür. Versuchen Sie nun, das Zwergkaninchen mit der anderen Hand vorsichtig zu streicheln.

Freilauf im Zimmer

Selbst, wenn Ihre Kaninchen einen großen Käfig haben, brauchen sie täglich mindestens dreimal für etwa zwanzig Minuten Freilauf im Zimmer. Nur dann können sie sich richtig austoben und ihren starken Bewegungsdrang befriedigen. Sie werden sehen, wie viel Spaß es macht, den Zwergen beim Hakenschlagen und Springen zuzuschauen oder ihren Wechsel vom kurzen schnellen Lauf zum gemütlichen Hoppeln zu beobachten. Allerdings sollten Ihre Kaninchen bereits handzahm sein, bevor Sie ihnen den ersten Freilauf gewähren. Nur dann gehen sie freiwillig in den Käfig zurück oder lassen sich problemlos von Ihnen »einfangen«. Wilde Verfolgungsjagden dagegen würden die zarten Bande des Vertrauens zu Ihnen sofort wieder zerstören. Ihre Tiere blieben Ihnen gegenüber für immer misstrauisch.

Am besten behalten Sie Ihre Zwerge während des Freilaufs im Auge, denn Kaninchen können allerlei Unfug anstellen wie etwa den Teppich anknabbern. Schalten Sie mögliche Gefahrenquellen von vornherein aus (→ Seite 38).

Einem Einkaufskorb mit frischem Gemüse und Kräutern kann Ihr Zwerg nicht widerstehen.

Die Mathearbeit

Ärgerlich legte ich Vanessas Mathearbeit, unter der eine dicke rote Fünf stand, zur Seite. Unterschreiben wollte ich sie erst später, wenn mein Ärger etwas verraucht war. Viel mehr Freude hatte ich da an Hermann und Hermine, wie sie ausgelassen im Zimmer umhertollten. Plötzlich sprang Hermine mit einem Satz neben mich auf die Couch, Hermann sofort hinterher. Die beiden brauchten offenbar ein paar Streicheleinheiten. Liebevoll kraulte ich meine Zwerge hinter den Ohren, und gleich wurde meine Stimmung besser. Später setzte ich mich an meinen Schreibtisch, um ein paar Briefe zu beantworten. Hermann und Hermine vergnügten sich unterdessen damit, ein Blatt Papier in kleine Fetzen zu knabbern. Nachdenklich betrachtete ich sie und dachte dabei über die gute Formulierung eines Satzen nach. Schließlich nahm ich Hermann etwas genauer in Augenschein und sah, wie gerade in diesem Moment die rote Fünf von Vanessas Mathearbeit zwischen seinen Zähnen verschwand. Das konnte doch nicht wahr sein. Ein Luftzug musste die Arbeit direkt vor Hermanns und Hermines "Nasen" auf den Fußboden geweht haben. Vanessa freute sich riesig, denn sie dachte, damit wäre der schriftliche Beweis ihrer unrühmlichen Leistung vernichtet. Zu früh gefreut, natürlich hatte ihre Lehrerin die Fünf schon längst in ihr Notenbuch eingetragen.

5 Müde

Hermann scheint etwas faul zu sein. Er möchte nicht einmal mehr »freihändig« Männchen machen, sondern stützt sich lieber am Stuhl ab.

6 Auf dem Sprung...

Hermine hat den Einkaufskorb mit frischem Gemüse entdeckt – genau das Richtige für Kaninchen-Gourmets. Mit einem mächtigen Satz springt sie von dem kleinen Sofa.

Gefahren-quellen

→ Türen vorsichtig öffnen und schließen (Gefahr des Einklemmens).

→ Vorsichtig durch die Wohnung gehen, denn das Kaninchen kann einem unvermittelt zwischen die Füße springen (Verletzungsgefahr).

→ Auf glatten Parkett- oder Kunststoffböden finden Kaninchen keinen Halt (Rutschgefahr).

→ Vermeiden Sie es, dass sich die Tiere auf Steinfußböden ohne Bodenheizung aufhalten (Erkältungsgefahr).

→ Giftige Zimmerpflanzen aus dem Zimmer entfernen (Vergiftungsgefahr).

→ Stromführende Kabel unter Leisten oder Teppiche verlegen (tödlicher Stromschlag durch Anknabbern).

→ Käfig nicht zu nahe an die Heizung oder in die pralle Sonne stellen (Gefahr des Hitzschlags).

Die Gesichtswäsche

1

Auch beim Freilauf im Zimmer vernachlässigt Hermann seine Körperpflege nicht.

Der Imbiss

2

Hermine hat Hunger vom Herumtollen bekommen, Hermann dagegen scheint eher müde zu sein.

Das Liebespaar

3

Hermann mag Hermine über alles. So oft wie möglich sucht er den Körperkontakt zu ihr.

Begegnung mit Julia

4

Hermann und die Hamsterdame Julia kommen gut miteinander aus. Diese Freundschaft ist aber eher ungewöhnlich.

Spiel und Spaß

Maira und ihre beiden Zwerge genießen ihre gemeinsame Spielstunde. Ganz nach Kaninchenart erkunden die Kleinen am liebsten jegliche Art von Höhle, sei es nun das Holzhäuschen, eine Korkhöhle oder ein Karton, in den Maira Löcher zum Hinein- und Hinaushoppeln geschnitten hat.

mit Zwergkaninchen

4 Heuglocke

Eine gesunde Leckerei sind solche Glocken aus gepresstem Heu, die es im Zoofachhandel zu kaufen gibt.

5 Holzhäuschen

Häuschen mit einem flachen Dach werden von Kaninchen auch gerne als Aussichtsplattform genutzt.

Abenteuerspielplatz für Zwergkaninchen

Damit es Ihren Zwergen so richtig gut geht, brauchen sie unbedingt Beschäftigung und Abwechslung vom tristen Käfigleben. Die folgenden Seiten zeigen Ihnen, wie Sie für artgerechten Kaninchenzeitvertreib sorgen können. Auch ein kleiner Dressurakt, wie etwa

das Springen über eine Hürde macht einem Kaninchen Spaß und sorgt für körperliche Fitness. Außerdem fördert es die Vertrautheit, wenn Sie sich ausgiebig mit den Tieren beschäftigen. Das Hindernis sollte etwa kaninchenhoch, nicht breiter als die Körperlänge des Tieres und möglichst lang sein. Zum Üben die Hürden nicht frei in den Raum, sondern an die Wand stellen oder ein Gehege damit unterteilen.

Kaninchen können mehr als einen Meter hoch springen. Da ist diese niedrige Hürde nur eine leichte Fitnessübung.

Spiellandschaft gestalten

Jeder Käfig und natürlich das Freigehege können zum Abenteuerspielplatz für Ihre Kaninchen werden.

1 Im Käfig

Ein Zweig mit Leckerbissen an der Käfigdecke befestigt, bietet Anreiz sich das Futter zu »erarbeiten«. Die Treppe aus Ytong-Steinen (Baumarkt) lädt zum Klettern ein. In der Sandkiste lässt sich's prima buddeln.

2 Sisalhöhle

Höhlen und Häuschen jeglicher Art gibt es im Zoofachhandel zu kaufen. Kaninchen lieben sie.

3 Knabberbaum

Eine Astgabel mit Löchern versehen und auf eine stabile Holzplatte geschraubt ergeben diesen Knabberbaum. Natürlich wird er für Ihre Zwerge erst interessant, wenn die Spalten im Ast mit Leckerbissen wie etwa Karotten oder Apfelschnitzen gefüllt sind.

8 Dach-
pfannen

Zwei gegeneinander gestellte Dachpfannen bieten Schutz bei Wind, Regen oder praller Sonne.

9 Holz
wurzel

Die dekorative Moorkien-holzwurzel stammt aus dem Aquarien- und Terrarien-fachhandel Sie lädt gera-dezu zum Klettern ein.

Welcher Spieltyp ist mein Kaninchen?

Im Wesentlichen lassen sich zwei Verhaltenstypen bei Zwergkaninchen unterscheiden: der neugierige, draufgängerische Entdecker (Typ I) und das vorsichtige, zurückhaltende Sensibelchen (Typ II). Beobachten Sie Ihr Kaninchen und kreuzen Sie an, wie es sich in bestimmten Situationen verhält.

	JA	NEIN
1 Kommt Ihr Kaninchen sofort zum Käfiggitter, wenn Sie sich dem Käfig nähern?	○	○
2 Beschnuppert es ausgiebig Ihre Hand, wenn Sie sie ihm hinhalten	○	
3 Weicht es vor Ihrer Hand zurück?	○	
4 Untersucht es neue Gegenstände im Käfig sofort?	○	
5 Hoppelt es beim Freilauf nur an der Wand entlang und versteckt sich unter dem Schrank?	○	
6 Lässt es sich ohne zu zögern von Ihnen streicheln?	○	○
7 Springt es gern auf Sessel und Sofa?	○	○
8 Sitzt es im Käfig fast nur im Häuschen?	○	○
9 Flüchtet es sofort oder drückt es sich häufig flach auf den Boden, wenn es sich erschrickt?	○	○
10 Klopft es bei unbekannten Geräuschen aufgeregt mit den Hinterläufen auf den Boden?	○	○

Auflösung: Ihr Zwergkaninchen gehört zu Typ I, wenn Sie die Fragen 1, 2, 4, 6 und 7 mit Ja angekreuzt haben. Es gehört zu Typ II, wenn Sie die Fragen 3, 5, 8, 9, und 10 bejaht haben.

Natürliche Veranlagungen fördern

Das Kaninchen kann auf seine Art besonders gut riechen, sehen, hören, tasten und geschmacklich immerhin zwischen süß, sauer, salzig und bitter unterscheiden (→ ab Seite 18). Es hat einen ausgeprägten Bewegungsdrang, springt gerne, buddelt mit Leidenschaft, und richtet sich auf, um seine Ungebung zu sichern oder um an schmackhaftes Futter heranzukommen. Damit die Sinne und die natürlichen Fähigkeiten Ihrer Zwerge gefordert werden, ist es sehr wichtig, sie abwechslungsreich zu beschäftigen.

Doch spielen wie etwa mit einem Hund können Sie mit einem Zwergkaninchen nicht. Es ist nicht in der Lage, beispielsweise ein Bällchen, das Sie geworfen haben, wieder zu Ihnen zurückzubringen. Wohl aber ist es möglich, ihm z. B. »Männchen machen« auf Kommando anzutrainieren oder etwa den Sprung über eine Hürde. Natürlich gelingt dies nur über den Anreiz, einen Leckerbissen zu ergattern, und die Übungen müssen den natürlichen Veranlagungen eines Kaninchens entsprechen.

Doch überfordern Sie Ihre Tiere nicht. Wichtig ist, dass Ihre Zwerge mit Spaß bei der Sache sind. Haben sie offensichtlich keine Lust mehr mitzumachen und hoppeln davon, sollten Sie das Üben abbrechen und zu einem späteren Zeit-punkt wieder aufnehmen.

Das macht Kaninchen Spaß

<u>Im Käfig:</u> Kaninchen lieben einen Ausblick von erhöhter Warte. Deshalb nutzen sie gerne ein stabiles Sitzbrett, das etwa über der Heuraufe oder in einer Käfigecke angebracht ist. In einem Häuschen können die Kleinen, ursprünglichen Höhlenbewohner, ausruhen und sich verstecken. In der Katzen-

Hermann schaut neugierig, was Hermine denn so treibt.

Baumhöhle **7**

Durch diese Baumhöhle können Ihre
Zwerge hindurchkriechen oder sie als
Aussichtsplatz benutzen.

6 ## Amphore aus Terrakotta

Füllen Sie die Amphore zur Hälfte mit
Stroh . Wichtig ist, dass sie fest aufliegt
und nicht wackelt. Alle Gegenstände im
Freigehege sollten wetterfest sein!

Der Wohlfühl-Test für Ihren Liebling

Was macht Ihr Kaninchen, wenn Sie seine Käfigtür öffnen?

- Bleibt im Käfig — *0 Punkte*
- Zögert zunächst — *1 Punkt*
- Kommt sofort heraus — *2 Punkte*

Wie verhält sich das Tier, wenn Sie ihm etwas Neues zum Beschäftigen geben?

- Schnuppert kurz — *1 Punkt*
- Läuft vorbei — *0 Punkte*
- Schnuppert intensiv — *3 Punkte*

Was macht Ihr Zwerg in seiner Buddelkiste?

- Scharrt eifrig — *2 Punkte*
- Wälzt sich darin — *3 Punkte*
- Sitzt teilnahmslos in der Ecke — *0 Punkte*

Lässt sich der Zwerg von Ihnen streicheln?

- Gerne — *3 Punkte*
- Eher selten — *1 Punkte*
- Nie — *0 Punkte*

Wie sieht das Fell des Kaninchens aus?

- Glänzend — *3 Punkte*
- Struppig — *0 Punkte*
- Stumpf — *0 Punkte*

Wie verhält sich das Kaninchen beim Freilauf in der Wohnung?

- Sucht immerzu Deckung — *0 Punkte*
- Läuft nur an der Wand entlang — *1 Punkt*
- Hoppelt quer durchs Zimmer — *3 Punkte*

Wie häufig putzt das Zwergkaninchen sein Fell?

- Wenig — *1 Punkt*
- Regelmäßig — *3 Punkte*
- Gar nicht — *0 Punkte*

Welche Figur hat Ihr Kaninchen?

- Fühlt sich knochig an — *0 Punkte*
- Rund, aber nicht fett — *3 Punkt*
- Hat überall "Speckrollen" — *1 Punkt*

Wie sehen die Augen Ihres Zwergkaninchens aus?

- Blank — *3 Punkte*
- Gerötet — *0 Punkte*
- Trübe — *0 Punkte*

Wie reagiert Ihr Zwerg, wenn Sie ihm Nagematerial wie z. B. Zweige anbieten?

- Lässt es unbeachtet — *0 Punkte*
- Nagt nur lustlos — *1 Punkt*
- Zernagt es ausgiebig — *3 Punkte*

Wie oft darf ihr Kaninchen täglich frei in der Wohnung laufen?

- Überhaupt nicht — *0 Punkte*
- Eine halbe Stunde — *0 Punkte*
- Mehr als eine Stunde — *3 Punkte*

0-10 Punkte: Das Kaninchen fühlt sich nicht sehr wohl. **10-18 Punkte:** Dem Kaninchen geht es einigermaßen gut. **18-25 Punkte:** Das Tier fühlt sich wohl. **25-32 Punkte:** Dem Kaninchen geht es sehr gut.

Dauerstress

Dreimal hatte es an der Haustür geklopft, aber keiner stand dort, als ich öffnete. Wollte sich da jemand einen Scherz erlauben? Schließlich klopfte es ein viertes Mal. Wieder war niemand an der Tür. Dann entdeckte ich, wer mich zum Narren gehalten hatte. Es war Hermine. Sie trommelte mit den Hinterpfoten rasch hintereinander auf den Käfigboden. Dieses Verhalten zeigen Kaninchen, wenn sie etwas beunruhigt. Doch was hatte mein Kaninchen so aus der Fassung gebracht? Am nächsten Tag kam ich der Ursache auf die Spur. Es war mein Nachbar mit seiner üblen Angewohnheit, laut zu hupen, wenn er mit seinem Auto vor dem Garagentor steht. Für seine Familie heißt dies, dass ihm einer das Tor aufmachen soll. Das Hupen jagte Hermine einen ordentlichen Schrecken ein und auch ich zuckte jedesmal zusammen. Natürlich wollte ich keinen Krach mit dem Nachbarn, doch die Sache musste geklärt werden. Am nächsten Abend besuchte ich ihn mit Hermann und Hermine auf dem Arm. Er war entzückt von meinen beiden hübschen Zwergkaninchen und versprach mir am Ende, Hermines Nerven künftig zu schonen. Wie gut, dass es Hermine gab! Mir zuliebe hätte er wahrscheinlich nicht auf seine Huperei verzichtet! So hatte ich, dank Hermine, gleich zwei Fliegen mit einer Klappe geschlagen.

toilette (→ Seite 44) graben und scharren sie. Abwechslungsreiches Frischfutter und Nagematerial (Kräuter, Löwenzahn, junge Brennesseln, verschiedenes Obst, Zweige mit Knospen oder Blättern von z. B. Haselnuss, Erle, Buche, Linde, Ahorn und ungespritzen Obstbäumen) dienen nicht nur einer gesunden Ernährung und der Befriedigung des Nagetriebs, sondern trainieren auch den Geschmackssinn. Hängen Sie Leckereien so in das Käfiggitter ein, dass sich Ihre Zwergkaninchen danach recken müssen.

Beim Freilauf im Zimmer: Besorgen Sie sich zum Beispiel verschieden große stabile Pappkartons, in die Sie »Fenster« und »Türen« hineinschneiden, damit die Kaninchen hindurchkriechen können. So wird ihr Tastsinn gefordert und an der Pappe kann unbedenklich geknabbert werden. Im Zoofachhandel gibt es Holzbrücken zum Darüberlaufen oder allerlei verschiedene Häuschen, um sich darin zu verstecken. Auch eine flache Buddelkiste gefüllt mit ungefärbtem Toiletten- oder Küchenpapier macht den Zwergen Spaß, ebenso wie eine Decke, unter die man kriechen kann und wo es so mollig warm ist.

TIPP vom ZOOHÄNDLER

Wenn Sie keine Zeit haben, Ihre Zwergkaninchen während des Freilaufs in der Wohnung zu beaufsichtigen, sollten Sie Ihren Tieren ein Laufgehege im Zimmer einrichten. Der Zoofachhandel bietet z. B. Freigehege aus Gitterelementen an, die man auch im Zimmer aufstellen kann.

Im Freigehege: Hier sorgen »Höhlen« aus einem ausgehöhlten Baumstumpf, Korkeichenrinde (Zoofachhandel) oder ineinander gesteckte Kanalrohre (Baumarkt) für Abwechslung und Schutz bei schlechtem Wetter. Ein Sandhaufen lädt zum Buddeln und Graben ein.

Abends im Wohnzimmer kommt Hermann zu mir, um sich seine Streicheleinheiten abzuholen.

Glücklich und aktiv

Hopsi, rechts im Bild, ist mit seinen fünf Jahren
schon ein älterer »Kaninchenherr«.
Dagegen ist der sechs Wochen alte Mümmel ein
»junger Hüpfer«. Hopsi ist noch genauso hübsch
wie in jungen Jahren, nur im Hakenschlagen
und Springen macht ihm Mümmel
inzwischen etwas vor.

im Alter

old&happy

Wie alt werden Zwergkaninchen?

Mit fünf Jahren gehört ein Zwergkaninchen bereits zu den älteren Semestern. Doch bei guter Pflege kann es durchaus auch acht Jahre und älter werden. In der Natur ist einem Wildkaninchen kaum dieses Lebensalter beschert. Alte und kranke Kaninchen sind nicht mehr so behende wie junge und gesunde Tiere und häufig lässt auch ihre Aufmerksamkeit gegenüber der Umwelt nach. Sie werden leicht zur Beute ihrer zahlreichen Feinde wie Marder, Füchse, Greif-vögel, wildernde Hunde oder Hauskatzen. Andererseits hat ein Wildkaninchen bei seinem Tod häufig schon die Hauptaufgabe seines Lebens erfüllt. Eine Häsin ist bereits mit fünf bis acht Monaten geschlechtsreif, der Rammler, also das Männchen, mit neun Monaten. Kaninchen können demnach frühzeitig Nachwuchs bekommen und so für die Erhaltung ihrer Art sorgen. Ein Kaninchen als Heimtier lebt dagegen auch im hohen Alter bei guter Pflege ein wohlbehütetes Leben. Es findet immer genügend Futter im Napf und muss auch

Was sich im Alter ändert

➜ **Verhalten:**
Das Kaninchen wird ruhiger. Es schlägt nicht mehr so hohe Haken in der Luft und möchte manchmal lieber in seinem gewohnten Käfig bleiben, auch wenn die Tür offen steht.

➜ **Aussehen:**
Tiere, die gesund ernährt und gehalten wurden, haben auch im Alter ein glänzendes, weiches Fell. Die Fellfarbe kann ein wenig verblassen.

➜ **Ernährung:**
Weiterhin wichtig ist die tägliche Portion Heu, frisches Grün- und Saftfutter sowie Wasser zum Trinken. Kalorienreiches Trockenfutter und Knabberstangen nur sparsam verfüttern.

➜ **Körperhygiene:**
Auch ein altes Kaninchen putzt sich noch regelmäßig. Achten Sie aber darauf, dass die Afterregion des Zwerges sauber ist. Falls nötig, das Fell um das After herum mit einem feuchten Tuch säubern.

➜ **Sinnesleistungen:**
Ob Sehen, Hören und Riechen im Alter nachlassen, ist bisher noch nicht erforscht.

➜ **Krankheiten:**
Spezielle Alterserkrankungen sind nicht bekannt. Alte Tiere sterben häufig an Störungen des Verdauungssystems. Es kann auch zu Tumorerkrankungen kommen.

nicht vor Feinden auf der Hut sein. Wenn es nicht an einer unheilbaren Krankheit leidet, kann sein Leben in aller Ruhe ausklingen.

Woran Sie ein »altes« Zwergkaninchen erkennen

Einem gesunden Kaninchen sieht man sein Alter auf den ersten Blick nicht an. Es wirkt gepflegt wie eh und je, sein Fell glänzt und ist weich. Lediglich die ursprünglich dunkle Fellfarbe kann etwas verblassen. Solch ein Kaninchen wurde zeitlebens richtig ernährt. Auch im Alter braucht das Tier vor allem ballaststoffreiches Futter: täglich Heu sowie frisches Grün- und Saftfutter (→ Seite 8/9). Von Knabbereien, die viel Zucker, zuviel Getreidekörner, Haselnüsse und Ölsaaten enthalten wird das Kaninchen dick und bekommt Krankheiten wie etwa eine Fettleber oder Diabetes. Diese Krankheiten führen zu einem vorzeitigen Tod.

Ein altes Kaninchen verhält sich deutlich ruhiger als ein »junger Hüpfer«. Auf hohe Sprünge oder einen schnellen Zick-Zack-Lauf verzichtet ein Senior lieber. Dennoch ist genügend Bewegung weiterhin für sein Wohlbefinden wichtig. Schließlich genügt

es auch, gemütlich durch das Zimmer zu hoppeln anstatt zu springen. Schließlich muss das ältere Tier ja mit seinen Kräften haushalten. Häufiger als früher werden jetzt Ruhepausen eingelegt, wobei das Tier sich entspannt auf dem Boden ausstreckt.

Wichtig für das alte Tier ist seine vertraute Umgebung. An alles Ungewohnte, Neue gewöhnt es sich nicht mehr. Typische Alterskrankheiten wie bei uns Menschen sind beim Kaninchen nicht bekannt.

Wie Kaninchen sterben

Fast alle meine Zwergkaninchen waren bis zu ihrem letzten Tag gesund und munter. Meist fand

Ältere Zwerge werden zwar ruhiger, vernachlässigen jedoch nicht ihre Fellpflege.

TIPP vom TIERARZT

Auch alte Kaninchen brauchen Nagematerial, damit sich ihre Zähne abschleifen. Hängen Sie Zweige von Laubbäumen mit zarten Blättern oder Knospen erhöht ins Käfiggitter ein, damit sich das Tier recken muss. Dies ist eine Fitnessübung und zugleich vitaminreiche Knabberkost.

ich sie am Morgen tot im Käfig. Nur einmal starb eines meiner Kaninchen direkt in meinen Armen. Es stieß einen kurzen hohen Schrei aus, verdrehte die Augen, sein Kopf fiel zur Seite und der kleine Körper streckte sich nach letzten Zuckungen. Von einem langen Todeskampf und Siechtum konnte also keine Rede sein.

Anders ist die Situation im Falle einer unheilbaren Erkrankung wie etwa eines Tumors. Hier sollten Sie zusammen mit dem Tierarzt entscheiden, ob dem Tier eventuell ein langer Leidensweg erspart bleibt, wenn Sie es durch eine Injektion einschläfern lassen.

Natürlich fällt es nicht leicht, sich von einem geliebten Tier zu trennen, das jahrelang viel Freude in das eigene Leben gebracht hat. Doch es wäre falsch verstandene Tierliebe und reiner Egoismus, den erlösenden Tod mit aller Gewalt hinauszögern zu wollen.

Abschied vom Tier

Die meisten Halter von Zwergkaninchen müssen leider erleben, dass Ihr geliebtes Tier irgendwann stirbt. Die Trauer ist dann nicht nur bei Kindern groß, auch viele Erwachsene leiden stark unter dem Verlust. Das Kind betrachtet sein Kaninchen als guten Freund, dem es seine Probleme und Geheimnisse anvertrauen kann. Viele Kinder umsorgen und pflegen ihr Tier so, wie sie sich selbst Beachtung und Zuneigung von Erwachsenen wünschen. Stirbt das Tier, werden Kinder oft das erste Mal in ihrem Leben mit dem Tod konfrontiert. Hier müssen Eltern ihrem Kind mit viel Einfühlungsvermögen helfen, damit es nicht zu einer seelischen Belastung kommt. Es ist völlig falsch, dem Kind sofort ein »Ersatztier« zu versprechen. Damit würdigen Sie nicht nur die Gefühle Ihres Kindes für seinen Freund herab, sondern werten auch die Persönlichkeit des Tieres ab. Sie degradieren damit das Kaninchen zu einer Wegwerfware, die jederzeit ersetzt werden kann. Welche Wertvorstellung soll Ihr Kind dann später von einem Lebewesen mit in die Zukunft nehmen?

Auch meine Kinder wurden eines Tages von dem Tod eines ihrer geliebten Kaninchen überrascht. Sie waren zunächst untröstlich. Wir besprachen schließlich zusammen, was man als letztes noch für ihren Bunny, so hieß das Tier, tun konnte. Die Kinder wünschten sich eine richtige Beerdigung für ihren Freund. Also besorgte ich einen Schuhkarton, den die Kinder liebevoll mit Seidenpapier und Blüten ausschmückten. Im Garten hatten wir bereits unter einem Busch ein Plätzchen für Bunnys Grab ausgesucht. Meine

Kinder sprachen ein Gebet für ihr Tier und bepflanzten anschließend den kleinen Hügel mit Vergißmeinnicht. Heute sind meine Kinder erwachsen, doch der Tod dieses Kaninchens und seine Bestattung blieb ihnen im Gedächnis. Im Nachhinein weiß ich, wie viel Trost sie darin fanden, ihrem Freund die letzte Ehre erwiesen zu haben.

Auch die Trauer von Erwachsenen um ihr Tier sollte man nicht einfach als Überreaktion abtun. Schließlich hat das Tier einen festen Platz im Leben eingenommen, seinen Halter über einen Abschnitt in dessen Leben begleitet und ihm Freude bereitet. Ähnlich, als würde man einen geliebten Menschen verlieren, kann auch die Trauer um ein Tier sehr stark und intensiv sein. Hat man ein Tier sehr geliebt, dauert die Trauer um seinen Tod manchmal lange an. Selbst Erwachsenen spendet es Trost, wenn Sie ihr Tier z. B. auf einem Tierfriedhof bestatten lassen und die Grabstelle immer wieder besuchen können. Natürlich bleibt auch die Möglichkeit, ein totes Zwergkaninchen in der Tierkörperbeseitigungsanstalt abzugeben, wo es verbrannt wird. Einige große Tierheime verfügen über Krematorien, wohin man sein totes Tier bringen kann.

Florian und seine Schwester Elisabeth sind mit Kaninchen aufgewachsen. Sie versorgen ihre Tiere selbstständig und haben so gelernt, Verantwortung für ein Lebewesen zu übernehmen.

Wenn das Kaninchen seinen Partner verliert

Wenn Sie zwei Kaninchen halten, ist es nicht selten, dass eines frühzeitig stirbt und das andere allein zurückbleibt. Da Kaninchen die Gesellschaft von Artgenossen lieben, möchten Sie vielleicht Ihrem »verwaisten« Tier sofort wieder einen neuen Partner dazugesellen. Hier sollten Sie jedoch abwägen, was besser für Ihren Zwerg ist. Besorgen Sie ihm ein jüngeres Kaninchen, bleibt über kurz oder lang wieder nur ein Tier übrig. Außerdem wissen Sie ja inzwischen, wie stark es davon abhängt, ob sich zwei einander fremde Tiere überhaupt »riechen« können (→ Seite 35). Möglicherweise ist es in diesem Fall besser, das verbliebene Kaninchen allein zu halten und es stattdessen abwechslungsreich zu beschäftigen und ihm Ihre besondere Zuwendung zukommen zu lassen.

Während Hermann nach einer kurzen Zwischenmahlzeit eine Putzpause einlegt, genießt Hermine noch in vollen Zügen.

Ausgebrochen

Hermann und Hermine tollten fröhlich draußen in ihrem neuen Freigehege herum. Besonders der Sandhaufen hatte es ihnen angetan. Durch das Küchenfenster beobachtete ich, dass die beiden wie besessen buddelten. Hermanns lange Öhrchen flogen vor lauter Eifer von einer Kopfseite zur anderen. Hermine hatte bereits ein ganz versandetes Schnäuzchen. Meist war von ihr jedoch nur das Hinterteil zu sehen. Der Rest steckte im Sandhaufen. Ich freute mich für die beiden. Die frische Luft und die Bewegung würden ihnen gut tun. So ging der Morgen dahin und ich musste mich sputen, um rechtzeitig das Essen für meine Familie auf den Tisch zu bringen. Plötzlich klingelte es draußen. Ich öffnete und schaute in einen Henkelkorb, den mir unser Nachbar unter die Nase hielt. Und wer schaute da ganz unschuldig über den Korbrand hinaus? Natürlich Hermann und Hermine. Die beiden hatten einen Tunnel vom Freigehege aus bis hinüber in Nachbars Garten gebuddelt. Dort entdeckte er sie, als sie gerade dabei waren, seine Möhren auszugraben. Jetzt müssen sich Hermann und Hermine damit abfinden, dass sie sich nur noch unter meiner Aufsicht in ihrem Freigehege tummeln dürfen.

Register

Monika Wegler
gehört zu den besten Heimtierfotografen Europas. Alle Aufnahmen dieses Ratgebers stammen von ihr. Sie arbeitet außerdem sehr erfolgreich als Journalistin und Tierbuch-Autorin. Bisher sind von ihr über 40 Heimtierbücher in vielen Sprachen erschienen, die sie teilweise geschrieben und fotografiert oder als Fotografin bebildert hat. Ihre Tierliebe gilt neben den Kaninchen besonders Katzen und Hunden.

Gabriele Linke-Grün
arbeitet seit vielen Jahren als freie Jounalistin für die GU-Naturbuchredaktion, verschiedene Tierzeitschriften und Schulbuchverlage. Sie schrieb die Kaninchen-Erlebnisse.

Mit Hilfe der Pfötchen und der Zunge pflegen Kaninchen ihr Fell.

Adressen

- ZDRK Zentralverband Deutscher Rasse-Kaninchen-züchter e.V., Peter Mickmann, Mittelfeldweg 19b, D-27607 Langen, www.deutsche-rassekaninchenzuechter.de
- RÖK Rassezuchtverband Österreichischer Kleintierzüchter, Geschäftsstelle: Mollgasse 11-13, A-1180 Wien, www.kleintierzucht-roek.at
- Schweizerischer Rassekaninchenzucht-Verband (SRKV), c/o Armin Wyss, Sonnenau 125a, CH-9108 Gonten, www.sgk.org
- Ihr Zoofachhändler und der Zentralverband Zoologischer Fachbetriebe Deutschlands e.V., Tel. 06103/910 732 (nur telef. Auskunft möglich: Mo 12-16 Uhr, Do 8-12 Uhr) www.zzf.de

Zeitschriften

- Ein Herz für Tiere, Gong Verlag, Ismaning
- Kaninchen. Hobby- und Kleintierzüchter Verlagsgesellschaft mbH & Co. KG, Berlin

Dank

Fotografin und Verlag danken der Firma Wagner & Keller, Ludwigshafen, für die freundliche Unterstützung. Die Firma setzt sich seit langem erfolgreich für die tiergerechte Unterbringung in Vogel- und Kleintierheimen ein.

Impressum

© 2000 GRÄFE UND UNZER VERLAG GmbH, München. Alle Rechte vorbehalten. Nachdruck, auch auszugsweise, sowie Verbreitung durch Bild, Funk, Fernsehen und Internet, durch fotomechanische Wiedergabe, Tonträger und Datenverarbeitungssysteme jeder Art nur mit schriftlicher Genehmigung des Verlages.

Redaktion: Anita Zellner, Gabriele Linke-Grün
Umschlaggestaltung und Layout: Heinz Kraxenberger
Satz/Herstellung: Heide Blut
Produktion: Susanne Mühldorfer
Repro: Fotolito Longo, Bozen
Druck und Bindung: Druckhaus Kaufmann
Printed in Germany
ISBN: 978-3-7742-1243-5
8. Auflage 2007

GRÄFE UND UNZER

Ein Unternehmen der
GANSKE VERLAGSGRUPPE

Das Original mit Garantie

Ihre Meinung ist uns wichtig. Deshalb möchten wir Ihre Kritik, gerne aber auch Ihr Lob erfahren. Um als führender Ratgeberverlag für Sie noch besser zu werden. Darum: Schreiben Sie uns! Wir freuen uns auf Ihre Post und wünschen Ihnen viel Spaß mit Ihrem GU-Ratgeber.

Unsere Garantie: Sollte ein GU-Ratgeber einmal einen Fehler enthalten, schicken Sie uns bitte das Buch mit einem kleinen Hinweis und der Quittung innerhalb von sechs Monaten nach dem Kauf zurück. Wir tauschen Ihnen den GU-Ratgeber gegen einen anderen zum gleichen oder ähnlichen Thema um.

GRÄFE UND UNZER VERLAG
Redaktion Haus & Garten
Stichwort: Aus Liebe zum Tier
Postfach 860366
81630 München
Fax: 089/41981-113
E-Mail:
leserservice@graefe- und-unzer.de

Freude am Tier

GU Tierratgeber – damit Ihr Heimtier sich wohl fühlt

ISBN 978-3-8338-0522-6
64 Seiten | Klappen | € 7,90 [D]

ISBN 978-3-8338-0582-0
64 Seiten | Klappen | € 7,90 [D]

ISBN 978-3-7742-8834-8
144 Seiten | Poster | € 12,90 [D]

ISBN 978-3-8338-0520-2
64 Seiten | Klappen | € 7,90 [D]

ISBN 978-3-7742-7362-7
48 Seiten | € 4,90 [D]

Änderungen und Irrtum vorbehalten.

Das macht sie so besonders:

Alles, was Sie wissen sollten – rundum gut versorgt

Rat vom Experten – bestens informiert

Tolle Ideen – mit Wohlfühlgarantie

So ist mein Zwergkaninchen

Es kann vorkommen, dass Sie plötzlich verreisen müssen oder krank werden. Dann muss ein anderes Familienmitglied oder ein Nachbar kurzfristig die Pflege Ihrer Zwergkaninchen übernehmen. Hier haben Sie die Möglichkeit, die Besonderheiten Ihrer kleinen Freunde einzutragen.

So heißt mein Zwergkaninchen:

1 ....

2 ....

Das ist seine Fellfarbe:

1 ....

2 ....

Daran erkenne ich es sofort:

1 ....

2 ....

So füttere ich meine Kaninchen:

....

....

Das bekommen sie als Leckerbissen:

....

....

Im Umgang mit ihnen ist zu beachten:

....

Diese Pflegemaßnahmen sind sie gewöhnt:

....

....